AF602402

M. DASNIÈRE,

OU

LA SUITE DU SOURD,

COMÉDIE-PARADE EN UN ACTE
mêlée de couplets,

PAR MM.

Dumersan et Dupeuty.

Jouée pour la première fois à Paris, sur le théâtre des Variétés,
le 18 février 1836.

Paris,
MARCHANT, ÉDITEUR,
Boulevart Saint-Martin, 12.

1836.

Personnages.	Acteurs.
M. DOLIBAN.	M. Prosper.
ÉLISE, sa fille.	Mlle Dupont.
EUGÈNE BERMONT, lieutenant de Vaisseau.	M. Bressant.
M. DASNIÈRE, capitaliste.	M. Legrand.
PÉTRONILLE, servante chez M. Doliban.	Mlle Georgina.
MARC, matelot.	M. Lamarre.

La scène est à la campagne de M. Doliban.

IMP. J.-B. MEVREL,
Pass. du Caire, 54.

M. DASNIÈRE,

comédie-parade en un acte.

Un salon, à la campagne. A droite, un guéridon pour déjeuner; à gauche, un guéridon sur lequel est une écritoire. Le portrait de M. Doliban est accroché au mur à gauche.

—

SCÈNE I.

DOLIBAN, ELISE.

DOLIBAN, *Il tient une lettre ouverte à la main.* C'est inconcevable... moi qui le croyais défunt, ce cher neveu.

ELISE. J'étais bien sûre que mon cousin n'était pas mort... il m'avait promis de revenir, et il est incapable de me manquer de parole.

DODIBAN. J'aurais dû me douter que c'était une fausse nouvelle : je l'avais lue dans journaux.

ELISE. Et quand arrive-t-il ?

DOLIBAN. D'un moment à l'autre.

ELISE. Pauvre Eugène!.. quand il ap

prendra que vous avez promis ma main à un autre, il va me croire infidèle.

DOLIBAN. Tu en avais le droit : c'est lui qui était dans son tort de s'être laissé tuer.

ELISE. Promettre ma main à ce monsieur Dasnière, que je ne peux pas souffrir...

DOLIBAN. Ne dis pas de mal de Dasnière; c'est un homme d'esprit, qui a de l'argent, un capitaliste qui fait des calembourgs... de plus, bel homme et grand industriel, cinq pieds trois pouces! Il est actionnaire des chemins de fer, directeur des voitures mécaniques; il s'est jeté à corps perdu dans les charettes locomotives, vagons et autres ustensiles de la nouvelle école... et il m'a promis un intérêt dans ses entreprises, en m'assurant que ma véritable place était dans les machines.

ELISE. Ce monsieur Dasnière, a la rage de vouloir se marier dans notre famille... M. Dorbe, en faisant le sourd, lui a enlevé ma sœur aînée, et il veut maintenant m'épouser... mais ce mariage n'est pas encore fait.

DOLIBAN. Dasnière me convient d'autant mieux qu'avec ses capitaux, il exploitera mes inventions. Tu sais que j'invente mille petites choses très piquantes, mille et une petites bêtises que l'on peut développer... jaurais peut-être inventé la poudre, c'est malheureux qu'elle était inventée avant moi,..

ELISE. Mon père, achevez donc la lettre de mon cousin Eugène.

DOLIBAN. Où en étais-je? ah!.. (*Il lit.*) »Je reviens plein d'espérance, guéri de »toutes mes blessures, mais non pas de »mon amour...

ELISE. Pauvre garçon!

DOLIBAN. «Une seule chose diminue »ma joie... vous allez me revoir, et moi »je n'aurai pas le même plaisir.

ÉLISE. Que veut-il dire!

DOLIBAN, *continuant.* «A la prise d'un »bâtiment négrier que nous avons coulé »bas, mes yeux (quoique toujours les mê- »mes en apparence) ont été éteints par »un coup de feu.»

ÉLISE. Ciel!

DOLIBAN. Bermont est aveugle!.. se peut-il... mais alors comment a-t-il pu écrire cette lettre!

ÉLISE. En la dictant à quelqu'un.

DOLIBAN. C'est un moyen...

ÉLISE. Eugène aveugle! ah! quel malheur!..

DOLIBAN. Tu m'en vois affligé autant que tu peux l'être... et pourtant, je suis enchanté...

ÉLISE. Comment!

DOLIBAN. Je puis maintenant me livrer à toute ma préférence pour Dasnière... car enfin, un gendre aveugle...

ÉLISE. Mais un sot!..

DOLIBAN. Beaucoup de sots réussissent, mais c'est qu'il voyent clair dans leurs affaires.

SCÈNE II.

Les Mêmes, PÉTRONILLE*.

PÉTRONILLE. Monsu Doliban! monsu Dasnière fait demander par Baptiste à quelle heure l'on mange dans le département des Bouches-du-Rhône.

DOLIBAN. Eh bien! comment va-t-il ce matin, ce cher voyageur?

PÉTRONILLE. Baptiste dit qu'il a déjà fait trois calembourgs.

DOLIBAN. Il va bien... Il parait qu'il est remis de ses fatigues, et qu'il a bon appétit, Fais-lui dire qu'on servira le chocolat dans

* Elle doit bégayer le provençal.

une demi-heure ; je vais avant le déjeûner faire ma promenade habituelle. Donne-moi ma canne et mon chapeau.

Pétronille les lui donne.

Air : *de la visite à Bedlam.*

Pour en finir aujourd'hui,
Je me rends chez mon notaire,
Ne pense plus qu'à Dasnière,
Il doit être ton mari.
A bien manger il est clair
Qu'un peu d'exercice engage :
Aussi je vais prendre l'air :
Toi, ma fille, prends courage,

Reprise.

Pour en finir aujourd'hui, etc.

ELISE, *et* PÉTRONILLE.

Pour en finir aujourd'hui,
Il se rend chez son notaire,
Mais son protégé Dasnière
N'est pas encor son / mon mari.

Doliban sort.

SCENE III.

ELISE, PÉTRONILLE.

PÉTRONILLE. Vous voilà bien lotie, ma pauvre demoiselle...

ÉLISE. Mon parti est pris... J'aime Eugène depuis mon enfance : je lui serai fidèle.

PÉTRONILLE. Epouser un homme qui n'y voit pas...

ÉLISE. Pourquoi non... je suis un peu jalouse et je suis sûre au moins que d'autres belles ne lui feront pas les yeux doux. Et puis, on dit que ces messieurs veulent toujours faire leurs volontés.. il faudra bien que celui-ci se laisse guider par sa femme.

PÉTRONILLE. Au fait, vous avez là une bonne idée, et j'ai envie de choisir comme mademoiselle... ça peut se trouver... précisément, j'ai déjà un borgne qui me fait la cour.

ELISE. J'entends monsieur Dasnière, je me sauve.

Elle sort vivement.

PÉTRONILLE. Ma foi, moi, je reste... j'aime assez à revoir les anciennes connaissances.

SCENE IV.

DASNIÈRE, PETRONILLE.

Dasnière est en robe de chambre chamarrée, casquette à la chinoise et papillotes.

DASNIÈRE. Il faut être juste, les lits élastiques du papa Doliban sont infiniment préférables à la couchette de sapin que je m'étais improvisée dans l'auberge pleine de madame Legras, et cependant j'aime autant la plume que sa nouvelle invention. Il m'est entré dans les reins des petits pointes de fil de fer qui m'ont réveillé avec l'aurore... qui n'est pas ma tante, vu que je ne suis pas le neveu de ma tante Aurore.

PÉTRONILLE. Ah! monsu Danière, quelle bêtise vous dites là.

DASNIÈRE. Bêtise vous-même! c'est un calembourg qui... Ah! mon Dieu! Jouissai-je bien de toutes mes facultés! Toi ici, Pétronille! tu n'es donc plus servante d'auberge?

PÉTRONILLE. Non, je suis devenue bonne.

DASNIÈRE. Ce n'est pas malheureux, car tu étais assez méchante.

PÉTRONILLE. Je suis devenue *bonne* chez

Mossu Doliban : c'est madame Dorbe, votre première femme que vous n'avez pas épousée, qui m'a placée chez son père.

DASNIÈRE. Ah! oui, l'épouse légitime de ce damné sourd qui entendait tout.

PÉTRONILLE. Elle m'a fait entrer au service de la famille, par reconnaissance.

DASNIÈRE. Par reconnaissance de quoi?

PÉTRONILLE. De ce que j'avais aidé à vous mystifier.

DASNIÈRE. Merci... tu ne vaux pas les quatre fers... d'une biche.

PÉTRONILLE. Quesaco!

DASNIÈRE. Mais c'est égal, je ne me fâche jamais avec les femmes... avec les hommes, c'est différent, Il ne faut pas me marcher sur le pied.

PÉTRONILLE. Parce que...

DASNIÈRE. Parce que... j'ai des cors et que ça me fait mal.

PÉTRONILLE. Vous dites donc toujours des balivernes?

DASNIÈRE. C'est plus fort que moi.

Air : *Abonné de l'Opéra-Comique.*

Que l'on m'approuve ou bien qu'on me condamne,
Plus que jamais, avec amour

Je cultive le coq-à-l'âne,
Je caresse le calembourg :
De mes pareils l'espèce est peu commune,
Car j'ai, vraiment, tout bien examiné,
Autant d'esprit que de fortune...

PÉTRONILLE.

Mon Dieu! mossu, seriez-vous ruiné ?

DASNIÈRE, *qui a rêvé sans l'entendre.* J'en tiens encore un...

PÉTRONILLE. Un quoi?

DASNIÈRE. Tu vas voir... Regarde-moi bien en face... est-ce que je n'ai pas l'air d'une côtelette?

PÉTRONILLE. A cause?

DASNIÈRE. A cause que je suis en papillotes... A propos, je voudrais bien souhaiter le bonjour à ma prétendue.

PÉTRONILLE. Je crois que de son côté, elle serait très flattée de vous dire aducias!

DASNIÈRE. Hein!

PÉTRONILLE. Et je vous engage à reprendre la diligence de Champagne, dont vous êtes original, comme vous dites.

DASNIÈRE. Oh! parce que je me suis trompé... j'ai voulu dire originel.

PÉTRONILLE. Ma foi! je ne suis pas

grand mairienne, mais je ne sais pas où vous avez été pêcher originel.

DASNIÈRE. Péché originel! tu m'a volé celui-là.

SCÈNE V.

Les Mêmes, MARC, *portant une valise.*

MARC, *entrant*. Holà! eh! y a-t-il quelqu'un ici?

DASNIÈRE, *à Pétronille*. Il nous voit deux, et il nous demande s'il y a quelqu'un. (*Haut.*) Que voulez-vous, étranger?

MARC. C'est ici que demeure M. Doliban?

PÉTRONILLE. Oui, monsieur.

MARC, *montrant Dasnière*. Est-ce ce monsieur-là?

DASNIÈRE. Est-il buse! comment, mon cher, pouvez-vous me prendre pour le papa Doliban?.. le papa Doliban est une vieille tête à perruque.

MARC. Est-ce que vous êtes son perruquier.

DASNIÈRE. C'est-à-dire que d'après votre dire, j'ai un physique de pommadin... Que venez-vous faire ici?

MARC. Annoncer mon lieutenant.

DASNIÈRE. Quel lieutenant !

MARC. M. Eugène Bermont, le neveu de la maison, qui vient réclamer la main de sa cousine.

DASNIÈRE. Quelle main ?

MARC. La main de mademoiselle Elise, parbleu.

PÉTRONILLE. Bon !

DASNIÈRE. Décidément, cet homme est bête comme une merluche.

MARC. Pas de gros mots, monsieur le perruquier, apprenez que mon lieutenant, tout marin qu'il est, me traite avec égards, que j'ai son estime, sa confiance, et que je cire ses bottes... comme son matelot.

DASNIÈRE. Personne ne peut vous empêcher de cirer les bottes.

SCÈNE VI.

Les Mêmes, DOLIBAN.

DOLIBAN. Ah! bonjour Dasnière, je viens de chez mon notaire, et nous pourrons signer aujourd'hui.

DASNIÈRE. Je ne demande pas mieux... mais comment allez-vous arranger ça... Voilà ce guerrier aquatique qui vous amène un neveu, un amoureux, qui demande une main...

DOLIBAN. Est-ce que mon neveu est arrivé ?

MARC. Oui, monsieur l'oncle.

DASNIÈRE. Vous voyez... vous ne mavez pas prévenu, ça n'est pas bien.

DOLIBAN. Allons, ne vous fâchez pas, digne Danière... mon pauvre Eugène n'est plus à craindre pour vous, vu qu'il n'y voit plus.

DASNIÈRE. Bah! il est aveugle!.. C'est cocasse.

MARC. Comment, c'est cocasse ?

DASNIÈRE. Je veux dire que c'est bouffon. Je devais épouser la fille aînée de M. Doliban, il me tombe sur les bras un sourd... je viens pour épouser la cadette, et je me trouve nez à nez avec un aveugle... Décidément, dans votre maison, les amours sont infirmes... Papa Doliban, j'espère que vous aurez pour votre neveu tous les ménagemens qu'on doit à son malheur, et que vous lui direz qu'il vous est impossible de le recevoir.

DOLIBAN. Où voulez-vous donc qu'il aille ?

DASNIÈRE. Un aveugle? Parbleu, aux Quinze-Vingts!..

DOLIBAN. Nous arrangerons tout cela; mais vous n'êtes pas fâché, n'est-ce pas Danière?

DASNIÈRE. Je le devrais, mais non... je vais déjeuner, m'habiller...

DOLIBAN. On va servir le chocolat... Mais vous ne me gardez pas rancune? eh! bien, prouvez-le-moi... faites-moi un calembourg!

DASNIÈRE. Ah! précisément, il m'en vient un... que je travaille depuis trois jours...

TOUS. Voyons, voyons.

DASNIÈRE. Comment feriez-vous, pendant l'hiver, pour chauffer votre local, sans bois, charbon de terre, mottes à brûler, ou autres combustibles!

DOLIBAN. Je renonce tout de suite.

DASNIÈRE. Donnez-vous votre langue au chat?.. Voilà... vous achetez une statue en plâtre, du général Bonaparte.

DOLIBAN. Comment cela?

DASNIÈRE. Attendez donc... vous cassez un bras à votre Bonaparte, et de cette manière, vous avez un bon appartement chaud, (Bonaparte manchot.)

DOLIBAN. Ah, vous ne l'êtes pas vous, Dasnière ; celui-là est sublime !

DASNIÈRE, *en sortaut.* Je vais décidément m'habiller, avant le chocolat.

Il sort.

SCÈNE VII.

Les Même, excepté DASNIÈRE.

DOLIBAN. Je ne peux pourtant pas renvoyer mon neveu en Sibérie, d'autant que c'est très loin d'ici... Et pourtant, je ne voudrais pas fâcher Dasnière... comment me tirer de ce bourbier ?.. Ah ! une idée diplomatique... *(Haut.)* : Pétronille !

PÉTRONILLE. Mossu Doliban ?..

DOLIBAN. Entends-toi, (*montrant Marc*) avec cet être maritime. Allez tous deux audevant de mon neveu, et conduisez-le au logement du fermier... comme il est privé de tous ses moyens d'optique, il se croira ici, j'irai le voir, nous irons le voir, il ne nous verra pas... Et Dasnière n'aura pas un mot à dire.

MARC. Ah ! ça, dites donc, notre oncle...

DOLIBAN. Je le veux, il est décidé que mon neveu ne verra pas sa cousine, quand même il y verrait.

PÉTRONILLE, *au fond.* Voyez donc, mossu Doliban...

DOLIBAN, *regardant.* Que vois-je?.. ma fille avec l'aveugle...

SCENE VIII.

Les mêmes, EUGÈNE, ELISE. *Elise paraît au fond avec Eugène, elle lui donne le bras et le conduit.*

Air : varié de Lafont. (Semaine des amours)

ELISE.

Allons donnez moi le bras,
Je serai votre guide.
Ne craignez pas, pauvre invalide,
De faire de faux pas.

EUGÈNE.

Hélas!
Je n'y vois pas...

Quittant le bras d'Elise et voulant prendre sa main :

Mais votre heureux cousin
Peut presser votre main...

Elise dégage sa main.

REPRISE DE L'ENSEMBLE.

ÉLISE.

Allons donnez-moi le bras etc.

EUGÈNE.

Oui, donnez-moi votre bras
Soyez ici mon guide
Je ne crains pas pauvre invalide
De faire de faux pas.

ELISE.

Allons donnez-moi le bras
Je serai votre guide,
Ne craignez pas pauvre invalide,
De faire de faux pas.

EUGÈNE.

Quel moment plein d'appas,
Hélas! je n'y vois pas,
Mais votre heureux cousin
Peut presser votre main.

DOLIBAN. Conduire ici mon neveu! Ma fille, cette conduite est on ne peut pas plus inconvenante.

ÉLISE. Personne n'allait au-devant de lui... j'ai cru que c'était mon devoir, mon père.

EUGÈNE. Mon oncle est ici!.. Mon cher oncle... Ah! que je le presse dans mes bras...

PÉTRONILLE. Par ici, mosu...

EUGÈNE. Oh! je n'ai pas besoin qu'on

me conduise... je l'ai reconnu à ses accens chéris... (*Il va à Marc et l'embrasse.*) Mon cher oncle, mon bon oncle, mon second père...

MARC. Oh! là, là, monsieur, vous m'étouffez

Marc se dégage, Doliban attendri s'approche en ce moment, les bras ouvert : Eugène croit toujours avoir affaire à Marc, ou plutôt feint de le croire.

EUGÈNE. Au diable, animal, tu ne pouvais pas me dire que je me trompais.

Il le repousse durement.

DOLIBAN, *furieux*. Ah! tu me bouscules... eh! bien, tant mieux, tu me mets à mon aise... Apprends que je ne veux pas pour gendre, d'un aveugle aussi brutal... ma fille est promise à Dasnière, et elle n'épousera que Dasnière.

EUGÈNE, *gaîment*. Et moi, mon oncle, je ne me tiens pas pour battu, et à moins que vous ne me chassiez d'ici, j'établis le siège dans la maison.

ELISE. Il a du caractère.

DOLIBAN, *criant*. Mais quand je te dis que ma fille est promise à un autre.

EUGÈNE. Je ne suis pas sourd, mon oncle.., je ne suis qu'aveugle.

DOLIBAN. Il n'y a pas moyen de lui faire entendre raison!

PÉTRONILLE. Monsu, voilà le chocolat.

DOLIBAN. A l'autre, à présent.

EUGÈNE. Il arrive bien; car j'ai gagné de l'appétit... Sans façon, mon oncle, je vais déjeûner avec vous, et nous causerons de tout cela à table Pétronille, conduis-moi.

Il avance les mains.

PÉTRONILLE. Qu'est-ce que vous faites donc.

EUGÈNE. Je cherche mon chemin.

PÉTRONILLE, *lui tapant sur les mains.* Vous ne le trouvez pas trop mal; ces diables d'aveugles, ils ont les yeux au bout des doigts.

Elle le conduit.

SCÈNE IX.

Les Mêmes, DASNIÈRE.

DASNIÈRE, *entrant et allant à Doliban, dit à demi-voix.* Ce qu'on vient de me dire est-il vrai? l'infirme est arrivé!

DOLIBAN. Le voilà!

Eugène rit.

DASNIÈRE. Je m'en aperçois, l'infirme

rit. — Chut ! ne le prévenez pas de ma présence ; j'ai un projet !

DOLIBAN. Ingénieux ?

DASNIÈRE. Et facétieux, laissez-moi mettre à côté de lui.

Il lui montre un petit papier plié.

EUGÈNE. Eh bien ! mon oncle, vous n'êtes pas encore à table ?

DOLIBAN, *haut*. Nous voilà. (*Bas à Elise.*) Je vous ordonne le silence, ma fille !.. et toi, Pétronille, si tu dis un mot, je te chasse.

PÉTRONILLE, *à Elise*. Et pas moyen de se faire entendre par signes.

Ils s'asseyent.*

DOLIBAN. Allons, ma fille, verse-nous le chocolat.

EUGÈNE. De votre main, chère Elise, il me semblera délicieux.

DOLIBAN. Tu as beau lui faire des complimens, cela ne fera pas réussir ton amour.

ÉLISE, *versant*. En voulez-vous beaucoup, mon cousin ?

EUGÈNE, *avec feu*. Oh ! oui ! beaucoup !

DASNIÈRE, *bas*. Le gourmand.

* Elise, Eugène, Dasnière, Doliban.

DOLIBAN, *montrant Dasnière*. Gardes-en un peu pour les autres.

EUGÈNE. Ah ! vous parlez du chocolat, je parlais de mon amour.

DOLIBAN. Il est à la vanille.

DASNIÈRE, *versant un petit paquet dans la tasse d'Eugène*. Et à la rhubarbe ! (*Bas à Doliban*.) C'est une farce excellente ! vous en verrez l'effet, dans trois quarts-d'heure, montre à la main !

Pendant ce dialogue, Eugène a pris la tasse de Dasnière et a mis la sienne devant lui.

DOLIBAN. C'est trop fort, je vais le prévenir.

EUGÈNE, *avalant ce qui est dans sa tasse*. Il était excellent.

DOLIBAN. Il n'est plus temps. Que diable ! Eugène, tu t'es bien pressé d'avaler cela.

EUGÈNE. Pour n'avoir plus à m'occuper que de ma chère Elise.

DOLIBAN, *bas*. Ah ! il me vient une ruse. (*Haut*.) Mon pauvre garçon, tu me fais pitié. Il faut que je t'apprenne une chose affreuse, une chose qui va te désenchanter !

EUGÈNE. Qu'est-ce donc, mon oncle ?

DOLIBAN. Ta pauvre cousine, mon Elise,

ma fille chérie, est devenue laide, mais laide à faire peur!

EUGÈNE. En vérité!

ÉLISE, *à part*. Que va-t-il dire?

EUGÈNE. Que m'importe! l'amour n'est-il pas aveugle?

DOLIBAN. L'amour est un être fabuleux.

EUGÈNE. Vous me sacrifiez à un rival, à un homme que tout le monde m'a dit être un imbécille, un sot! Ah! si je le rencontre jamais!

DOLIBAN. Que lui ferez-vous?

EUGÈNE. Je lui laverai la tête d'une manière...

DASNIÈRE, *bas*. C'est ce que nous verrons.

EUGÈNE. Mais ne parlons pas de cela?.. ça me met en colère! ça m'échauffe.

PÉTRONILLE. Voulez-vous boire?

EUGÈNE. Oui. (*Il prend son verre et goute une gorgée.*) Qu'est-ce que c'est que cela?

PÉTRONILLE. De l'eau filtrée, après le chocolat.

EUGÈNE. Est-ce qu'un marin boit de l'eau?

Il jette son verre à la figure de Dasnière, qui se lève furieux.

DASNIÈRE. Que le diable t'emporte.

PÉTRONILLE. C'est un calembourg, il disait qu'il vous laverait la tête.

DASNIÈRE. C'est égal, je me suis vengé d'avance ! encore trois quarts-d'heure et... suffit. Je vais me changer.

PÉTRONILLE. Ça ne vous fera pas de mal.

Il sort.

SCÈNE X.

Les Mêmes, *excepté* DASNIÈRE.

EUGÈNE. Qu'ai-je donc entendu? quelqu'un sort en colère?

DOLIBAN. Ce quelqu'un, sort; mais pour revenir, tandis que toi, je te réitère ma volonté définitive, et je t'engage à te retirer de bonne grace.

EUGÈNE. Ah! mon oncle, mon bon oncle, vous ne voudriez pas chasser de votre maison, celui que sans doute vous n'avez pas chassé de votre cœur.

DOLIBAN. Tu veux m'attendrir; mais je suis dur comme un chemin de fer: au surplus... reste, si tu veux, mais tout ce que je peux faire pour toi, c'est de t'inviter à la noce de ta cousine...

EUGÈNE, *gaîment*. Comme mari, je vous prends au mot.

DOLIBAN. Quel aveuglement!.. suivez-moi, Élise, préparez-vous à épouser Dasnière, et à devenir la plus heureuse des femmes...

ÉLISE, *à part*. J'aimerais mieux être malheureuse avec Eugène.

PÉTRONILLE. Allons, il parait que nous épouserons les calembourgs.

DOLIBAN. Je vous défends de revoir votre cousin.

Il sort avec Elise et Pétronille

SCÈNE XI.

EUGÈNE, MARC.

MARC. Eh! bien, mon lieutenant, ça commence joliment.

EUGÈNE. Nous avons la jeune fille pour nous, nous sommes les plus forts. C'est pour Élise que j'ai employé cette ruse... je voulais savoir jusqu'à quel point peuvent aller l'amour et la constance d'une femme.

MARC. Cette épreuve n'est guère du siècle ou nous vivons.

EUGÈNE. Eh! mon Dieu, notre siècle est

comme tous les autres... Il a beau faire le jeune, c'est un vieillard de 1800 ans, qui boit, qui joue, qui jure, qui fume, qui porte des moustache et qui ressemble à tous ceux qui l'on précédé.

MARC. Silence!.. voilà du monde, reprenez la cataracte.

SCENE XII.

Les Mêmes ÉLISE PÉTRONILLE.

EUGÈNE, *bas.* C'est Élise avec Pétronille... Attention.

PÉTRONILLE, *à Elise dans le fond.* Savez-vous, mademoiselle, que vous êtes décidée comme une Provençale...

ÉLISE. *de même.* Dis-lui que je suis là... pauvre Eugène!..

EUGÈNE. On a prononcé mon nom... j'ai reconnu sa voix... Elise, ma chère Elise!..

Il court à Pétronille et lui prend les mains.

PÉTRONILLE. Mais, Mousu, vous vous trompez...

Elle se recule et met Elise à sa place.

EUGÈNE, *allant à Elise.* Ma chère Pétronille, je te dois tant de reconnaissance qu'il faut que je t'embrasse.

Il embrasse Elise.

ÉLISE. Mais c'est moi, mon cousin.

MARC *et* PÉTRONILLE. Bon!

EUGÈNE. Pardon, mille fois pardon!.. ayez pitié d'un pauvre aveugle... j'étais si loin d'espérer que vous reviendriez près de moi.

ÉLISE. Il est vrai que mon père me l'a défendu...

MARC, *à Pétronille*. Ils ont bien des choses à se dire... allons causer du côté de la cuisine?..

Ils sortent.

SCÈNE XIII.

EUGÈNE, ÉLISE.

ÉLISE. Eh bien, mon cousin, avez-vous réfléchi à ce que vous à dit mon père... Vous savez maintenant que je suis devenue laide.

EUGÈNE. Eh! que m'importe!..

ÉLISE. Eh! bien? mon cousin, mon père vous à trompé! je m'empresse de vous le dire, parce que une femme veut être jolie, même pour ceux qui n'y voient pas.

EUGÈNE. J'aimerais bien mieux que vous fussiez laide.

ÉLISE. Et pourquoi, s'il vous plaît!

EUGÈNE. J'aurais moins de rivaux.

ÉLISE. Egoïste.

EUGÈNE. On a le droit de l'être quand on aime.

ÉLISE. Du tout, monsieur, je suis gentille, je le suis pour vous, pour vous seul! débarrassez-moi de ce M. Dasnière que mon père protége et que je déteste, et je ne disposerai de ma main que pour vous.

EUGÈNE. Malgré mon malheur?

ÉLISE. Peut-être à cause de lui... Mais en vérité plus je vous regarde, mon cousin, et moins je trouve que votre accident vous ait changé.

EUGÈNE. Vraiment!

ÉLISE. Oui, vos yeux s'animent en se fixant sur moi... ils sont aussi vifs qu'auparavant.

EUGÈNE. C'est une habitude qu'ils ont conservée.

Air : Lorsque toi sortir de caze.

Mon Dieu ! comme votre œil brille
Il semble exprimer l'amour !

EUGÈNE.

Que votre voix est gentille!
Douce et tendre, tour à tour *bis*.
Malgré la fortune ennemie
Qui changea vos traits et votre air,
Je crois vous voir encore jolie!

ÉLISE.

On dirait qu'il y voit clair *bis*.

Mais vraiment, avec délire,
avec un air curieux
Vous semblez chercher à lire
Sur mes traits et dans mes yeux *bis*.

EUGÈNE.

D'après votre accent, je suppose
Que je dois vous être encor cher!
Vos yeux disent la même chose!

ÉLISE.

On dirait qu'il y voit clair *bis*.

SCÈNE XIV.

Les Mêmes, PÉTRONILLE.

PÉTRONILLE, *accourant*. Je vous annonce mousu Dasnière.

EUGÈNE. Séparons-nous un instant, nous nous reverrons bientôt.

ÉLISE, *souriant.* C'est-à-dire, je vous reverrai. Agissez de votre côté, je vais agir du mien.

Elle sort.

EUGÈNE. Ecoute, Pétronille.

PÉTRONILLE. Que voulez-vous?

EUGÈNE. Viens donc... plus près... as-tu peur de moi?

PÉTRONILLE. Non, mais...

EUGÈNE Je te crois dans mes intérêts?

PÉTRONILLE. Je vas vous en donner une preuve... Méfiez-vous de M. Dasnière et de M. Doliban; ils soupçonnent que vous les trompez.

EUGÈNE. Et toi?

PÉTRONILLE. Moi, j'en suis sûre..... Silence, voilà votre rival.

SCÈNE XV.

EUGÈNE, PÉTRONILLE, DASNIÈRE.

DASNIÈRE, *à part.* Ah! maudit aveugle, tu ne serais pas aveugle... je veux tirer cela à clair.

EUGÈNE, *très haut.* Je te le répète, Pétronille! je suis furieux contre ce Dasnière qui vient m'enlever la main de ma cousine.

DASNIÈRE, *à part.* Ah! il est furieux? C'est bon à savoir.

EUGÈNE. Il est bien heureux que je sois aveugle.

DASNIÈRE, *à part.* Il l'est donc?

EUGÈNE. Si je le voyais, je ne sais ce que je lui ferais... Tiens je commencerais par le tuer!

DASNIÈRE, *à part.* Par où finirait-il donc?

PÉTRONILLE, *à Dasnière.* Ah! vous arrivez bien.

EUGÈNE. Qui?

DASNIÈRE, *bas à Pétronille* Tais-toi donc. Ne lui dis pas que c'est moi.

EUGÈNE. J'entends parler quelqu'un.

PÉTRONILLE, *bas.* Vous voyez bien qu'il vous a entendu.

DASNIÈRE, *bas.* Dis-lui que je suis un autre... Je veux garder l'incognito.

EUGÈNE. Mais qui est-ce qui chuchote là?..

Il saisit Dasnière par le bras.

DASNIÈRE, *à part.* Il ne l'est donc pas?

EUGÈNE. Qui êtes-vous donc?

PÉTRONILLE. Mousu, c'est un domestique de la maison.

EUGÈNE. Que ne me le disais-tu tout de

suite. Le mien est absent, et j'ai besoin de ses services.

DASNIÈRE. Le plus souvent que je vais le servir!..

EUGÈNE. Aide-moi à me déshabiller; Pétronille, si tu le laisses sortir, je m'en prends à toi.

PÉTRONILLE, *bas.* Monsu Dasnière, vous ne me laisserez pas déshabiller un officier de marine.

DASNIÈRE, *bas.* Non... moi, à la bonne heure.

EUGÈNE, *à Dasnière.* Ote-moi mes bottes.

Il s'assied.

DASNIÈRE, *à Pétronille.* Est-ce qu'il me prend pour un tire-bottes?

EUGÈNE. Te dépêcheras-tu?.. comment donc s'appelle ce lambin?

PÉTRONILLE. Il se nomme *carabi.*

Elle se sauve.

DASNIÈRE, *à Pétronille.* Où diable va-elle chercher ce nom-là! carabi! c'est le nom d'un petit chien!

EUGÈNE. Carabi! (*Dasnière se met à genoux et essaie de tirer une botte.*) Vas donc... aye! aye! tu me tords la jambe!

Il le pousse du pied, Dasnière tombe le derrière à terre.

DASNIÈRE. Ah! c'est trop fort!

EUGÈNE. Où es-tu donc?

DASNIÈRE. Il demande où je suis, parbleu! je suis parterre! (*A part.*) Vilain Bélisaire, heureusement que dans une demi-heure je serai vengé de toi.

EUGÈNE. Je voulais me déshabiller, mais réflexion faite, pour paraître devant ma cousine et lui faire voir que malgré mon malheur, je n'ai rien perdu de mes avantages personnels, je veux me mettre en uniforme; carabi, es-tu encore là?

DASNIÈRE. Oui, monsieur. (*A part.*) Attends, attends, va! je t'arrangerai de façon à faire peur au diable.

EUGÈNE. Marc doit avoir mis là ma valise, tires-en mon petit uniforme... c'est celui que je portais, quand j'ai quitté ma cousine, il y a trois ans.

DASNIÈRE, *à part.* La garde-robe du papa Doliban est là... je vais le déguiser de la bonne manière!

Il va y prendre différentes choses qu'il pose sur un meuble.

EUGÈNE. Vas-tu me faire attendre deux heures?

DASNIÈRE. Non, mon commandant, je cherche votre uniforme. (*A part.*) Tu te ressouviendras de m'avoir pris pour valet-de-chambre.

EUGÈNE, *à part.* Quelle est donc son idée ? (*Haut.*) Ote-moi ma redingote.

DASNIÈRE. Vous ne vous plaindrez plus de ma maladresse. (*A part.*) Le sourd m'a mystifié : je mystifierai l'aveugle.

EUGÈNE. Donne-moi mon habit.

DASNIÈRE, *apportant un habit ridicule de M. Doliban.* Quel joli habit! comme il est élégant... et à la mode!

EUGÈNE. N'est-ce pas?

DASNIÈRE. Il est charmant!

Il lui passe l'habit de Doliban.

EUGÈNE. Comme il dessine bien la taille! donne-moi le ceinturon. *(A part.)* Ah! mon gaillard, tu te moques de moi, mais je te revaudrai cela.

DASNIÈRE, *lui mettant une sangle bouclée comme celles qu'on met par-dessus les robes de chambre.* Faut-il sangler bien fort?

EUGÈNE. Assez! rajuste un peu les boucles de mes cheveux.

Il s'assied.

DASNIÈRE. Faut-il les passer au fer?

EUGÈNE. Non : prends le peigne qui est dans ma valise.

DASNIÈRE, *le crêpant, lui ébouriffe les faces.* Vous voilà coiffé comme un chérubin !..

EUGÈNE. Tu me tires les cheveux.

DASNIÈRE, *à part et riant.* Je le fais bien exprès.

EUGÈNE. Allons, essuye-moi la figure.

DASNIÈRE, *à part.* Dernière épreuve !.. (*Haut.*) Attendez ! (*Il prend une serviette dont il trempe un coin dans l'écritoite, et en feignant d'essuyer la figure d'Eugène, il lui dessine deux énormes moustaches*, à part.*) Décidément, il l'est. (*Haut.*) Là! vous voilà propre.

EUGÈNE, *à part.* Le scélérat !

DASNIÈRE. Voulez-vous le miroir ?

EUGÈNE. Imbécille ! puisque je n'y vois goutte !

DASNIÈRE. C'est dommage que vous ne puissiez pas vous voir, vous êtes bien gentil !..

EUGÈNE. Ma casquette d'uniforme, maintenant !

* Cela se fait au moyen d'un bouchon brûlé, qu'il tient caché dans la servrette.

DASNIÈRE. Je vais vous la mettre moi-même, de peur de déranger votre coiffure. (*Il lui met le bonnet à coiffe de M. Doliban.*) Là! n'y touchez pas.

EUGÈNE, *se promenant*. N'est-ce pas que j'ai ainsi une tournure martiale?

DASNIÈRE. Vous avez l'air de Mars! (*A part.*) En carême!

EUGÈNE. Il me tarde qu'Elise me voie! (*A part.*) Tâchons de garder mon sang-froid!

DASNIÈRE, *à part*. Quand il va être obligé de sortir, et quand mon stratagême de rhubarbe va opérer, on criera après lui... à la... li li li...

SCÈNE XVI.

Les Mêmes, DOLIBAN.

DOLIBAN, *surpris*. Qu'est-ce que je vois? quelle mascarade est-ce là?

DASNIÈRE, *bas*. Chut! paix donc!

EUGÈNE. Qui est-ce qui parle de mascarade?.. Ah! c'est vous, mon oncle... je me suis fait habiller pour plaire à Elise.

DOLIBAN. Es-tu fou?..

DASNIÈRE, *bas*. Taisez-vous donc!

DOLIBAN. Qui est-ce qui t'a fagotté ainsi?..

DASNIÈRE, *bas*. C'est moi! mais ne dites donc rien.

EUGÈNE. N'est-ce pas que notre uniforme est joli?..

SCÈNE XVII.

Les Mêmes, PÉTRONILLE.

PÉTRONILLE. Ah! qu'est-ce que je vois! (*Elle éclate de rire.*) Ah! ah! ah! ah! ah! que vous êtes farce!

EUGÈNE. De qui parles-tu?

PÉTRONILLE. De vous, monsu!.. (*Elle rit.*) Ah! ah! ah! ah! ah!

EUGÈNE. Mais, explique-moi donc?..

DASNIÈRE, *bas*. Ne lui explique rien.

PÉTRONILLE. Ah! laissez-moi rire à mon aise... Ah, ah, ah, ah, ah, ah!.. Je ne croyais pas que l'uniforme de la marine, il fût un habit à ramages, et un bonnet à fontanges!

EUGÈNE, *y portant la main et arrachant le bonnet*. Ah! scélérat de carabi, tu ne périras que de ma main! où est-il?

DASNIÈRE, *bas*. Dis que je suis parti.

EUGÈNE, *prenant sa canne et courant partout.* Que je l'assomme!

DASNIÈRE, *criant et près d'être saisi par Eugène.* Casse-cou!

Il se sauve.

DOLIBAN, *à Eugène.* Prends donc garde, tu me donnes des coups de canne dans les os des jambes... Allons, viens, viens, mon neveu...

EUGENE, *se retournant.* Si jamais je te retrouve, infernal carabi!..

DASNIÈRE, *à part.* Quel bonheur que j'aie changé de nom!

EUGÈNE.

Air *connu.*

Je t'aurai, maudit homme!
Et tu seras puni,
Carabi!
Morbleu, tu verras comme
Je traite un ennemi,
Carabi!
Les coups sur ton dos
Pleuvront, *carabos!*
Sous le bâton, ici,
Je te ferai (*ter*) *mouri!*

Doliban sort, ainsi qu'Eugene que Pétronille va conduire jusqu'à la porte.

SCÈNE XVIII.

DASNIÈRE, PETRONILLE.

DASNIÈRE. Hein? j'espère que je l'ai joliment arrangé... Aussi, pourquoi veut-il se jouer à moi, ce double borgne?

PÉTRONILLE. Méfiez-vous, méfiez-vous, mossu Dasnière...

DASNIÈRE, *sans l'écouter* : Se donne-t-on de la peine pour se marier! et on ne l'est pas plus tôt qu'on est vexé de l'être! mais vous direz à cela que lorsqn'on s'appelle Dasnière et qu'on est le dernier rameau de sa souche, on se doit à soi-même et à son pays, d'épouser un parti de 300 mille francs.

PÉTRONILLE. Prenez garde qu'on ne vous le souffle!

DASNIÈRE. Tu excites en moi le fou-rire. Mais tu ne t'es donc pas aperçu, poulotte, que j'ai un physique à fasciner les femmes? Si tu savais les aventures que j'ai eues dans tous les départemens, tu n'oserais pas me regarder en face... des Picardes, des Champenoises, des Alsaciennes...

PÉTRONILLE. Des marchandes de balais?

DASNIÈRE. Non, c'est une autre paire

de manches! Je veux te conter ma dernière bonne fortune : c'était à Cahors en Querci, avec une jolie blonde, voilà qu'un jour, à la brune, comme je comptais souper avec elle, le perdeau trufé était là tout roti, la bouteille de champagne encore coiffée. Le mari arrive sans être attendu... La femme me précipite dans une de ces pendules vulgairement dites coucous : le mari se met à table et mange mon perdreau comme si c'était moi-même: mais voilà que mon diable de dos arrêtait le balancier... *on dirait que l'horloge ne va plus*, dit alors le mari, *qu'elle est arrêtée...* Quelle position, s'il était venu pour la remonter!.. par bonheur, je m'avisai d'un expédient fort remarquable et imitant le mouvement du balancier, je fis toute la nuit avec ma langue : King, king, king, king... ça imitait parfaitement, mais j'avais la langue abîmée! le lendemain aussitôt que le mari fut parti, je me sauvai... et je sautai par la fenêtre, sans balancier.

PÉTRONILLE. C'était pourtant le saut périlleux.

DASNIÈRE. Chut... voilà mon aveugle. (*Il regarde à sa montre.*) Je crois que son heure est arrivée. Fait-il la grimace?

PÉTRONILLE. Demandez-lui vous-même, je me sauve.

Elle sort.

SCÈNE XIX.

Les Mêmes, EUGENE, *en redingote.*

EUGÈNE. J'entends la voix de ce misérable Carabi... (*Il le saisit par les épaules.*) de cet insolent valet !

DASNIÈRE. Lâche-moi ! je ne suis pas un valet, je suis un homme libre, exerçant ses droits de citoyen dans le département de la Marne, notable d'Epernay, et propriétaire ! Lâche !

EUGÈNE. Lâche... je m'en doutais.

DASNIÈRE. Lâche mon bras... te dis-je.

EUGÈNE. Ne croyez pas m'échapper; mon domestique est là dehors qui fait sentinelle.

DASNIÈRE. Monsieur, est-ce que vous voulez m'assassiner ? L'assassinat proscrit par la nature, est puni par les lois...

EUGÈNE. Il ne s'agit pas de cela. Vous avez abusé de mon infirmité.

DASNIÈRE. Ah ! pardi, le grand mal ! je vous ai fait une farce.

EUGÈNE. Je n'aime point les farces.

DASNIÈRE. Moi, je suis farceur.

EUGÈNE. Et moi je suis marin. Vous allez me rendre raison. — Holà ! Marc ?

SCÈNE XX.

Les Mêmes, MARC.

MARC, *entrant.* Présent, mon lieutenant.

EUGÈNE. As-tu chargé mes deux pistolets?

MARC, *lui remettant deux pistolets.* Les voilà, mon lieutenant.

EUGÈNE, *bas à Marc.* A poudre ?

MARC, *bas.* Balles de liège, comme comme l'avez recommandé.

Il sort.

SCÈNE XXI.

DASNIERE, EUGENE.

DASNIÈRE, *à part.* Si la rhubarbe pouvait agir, elle me sauverait la vie. (*Haut.*) Vous voulez que nous nous battions au pistolet ! y songez-vous? vous n'y verrez pas pour viser.

EUGÈNE. Que vous importe!

DASNIÈRE. J'aurai sur vous trop d'avantage.

EUGÈNE. Ce sont mes affaires,.. prenez

un pistolet... choisissez... Je vous réponds que les armes sont égales...

DASNIÈRE, *prenant un pistolet.* Mais les yeux ne le sont pas.

EUGÈNE. Au doigt mouillé à qui tirera le premier. (*Il mouille un doigt et présente sa main à Dasnière.* Choisissez...

DASNIÈRE, *prenant un doit.* Sec!

EUGÈNE. A moi de tirer... Mettez-vous vis-à-vis de moi.

DASNIÈRE. Mais vous ne me verrez pas.

EUGÈNE. Vous me direz... *Je suis là.*

DASNIÈRE. Bien. (*Il se place.*) Je suis là! (*A part.*) Le plus souvent que j'y resterai! (*Il se met à une autre place.*) Eh bien! tirez donc!

Eugène ajustant son pistolet, suit tout les mouvemens de Dasnière qui change de place, partout où il voit le pistolet dirigé sur lui.

DASNIÈRE. Ah! ça, mais? ça n'est pas de jeu vous trichez!

EUGÈNE. Vous ne marchez pas si légèrement que je ne vous entende changer de place.

DASNIÈRE. Diable! vous avez l'oreille fine.

EUGÈNE. Voyons, M. Dasnière, vous

mourez de peur. Eh bien! je suis généreux. tirez le premier.

DASNIÈRE. Ma foi, j'aime autant ça! mais si je vous manque!

EUGÈNE. Je tirerai le second.

DASNIÈRE, *à part.* Il y en avait pourtant six paquets!..(*Haut.*) Voyons, y êtes-vous

EUGÈNE. Je vais commander moi-même.

DASNIÈRE, *à part.* Je ne peux pas tirer sur un aveugle, je m'en vais tirer en l'air.

EUGÈNE. En joue!.. feu!

DASNIÈRE, *tire et se fait peur à lui-même.* Êtes-vous mort?

EUGÈNE. Non.

SCÈNE XXI.

Les Mêmes, DOLIBAN, ELISE, PETRONILLE, *et* MARC.

DOLIBAN, *entrant.* Qu'est-ce que c'est! Ah! Malheureux! vous m'avez crevé un œil!

DASNIÈRE. Comment ça!

DOLIBAN. Oui, regardez mon portrait. Me voilà borgne maintenant.

DASNIÈRE. En affigie; ça vaut mieux qu'en nature!

EUGÈNE. Que vois-je? Ah! monsieur

Dasnière! vous êtes mon ami, mon sauveur!

DASNIÈRE. Qu'y a-t-il donc? est-ce qu'il devient fou, l'aveugle?

EUGÈNE. Venez dans mes bras!..

CHOEUR. (*du comte Ory*).

Quelle aventure singulière
Et quel heureux événement;
Comment il embrasse Dasnière!
Qui les rapproche en ce moment?

EUGÈNE. Ah! mes amis, soyez tous témoins du service que je dois à M. Dasnière : Un coup de feu m'avait ôté la vue, un coup de feu vient de me la rendre.

DASNIÈRE. Est-il possible!

DOLIBAN. C'est bien invraisemblable!

ÉLISE, *d'un ton de doute.* Ah! mon cousin!..

EUGÈNE. M. Dasnière, la partie sera égale maintenant : je verrai mon adversaire.

DASNIÈRE. Comment, monsieur, vous voulez tirer?

EUGÈNE. A mon tour.

DOLIBAN. C'est juste!

EUGÈNE. Placez-vous.

DASNIÈRE, *jouant l'étonnement*. Ah !.. mon Dieu ! quel effet singulier de la détonation ! je n'entends plus rien.

EUGÈNE. Allons ! monsieur, effacez-vous de votre mieux.

DASNISRE. Je suis sourd.

EUGÈNE. Faites-moi le plaisir de m'entendre.

DASNIÈRE. Je le voudrais.

EUGÈNE. Vous voulez m'enlever la main de ma cousine, vous avez tiré sur moi, cela ne peut pas se passer ainsi, j'ai une revanche à prendre.

DASNIÈRE. Je n'entends pas un mot de ce que vous dites !

EUGÈNE, *à Doliban*. Alors, mon oncle, vous ne donnerez pas votre fille à un sourd, puisque vous ne vouliez pas la donner à un aveugle.

DOLIBAN. C'est encore juste.

DASNIÈRE, *se tenant le ventre*. Ah ! mon Dieu ! qu'est-ce qui me prend?

DOLIBAN. Qu'avez-vous donc ?

DASNIÈRE. Une affreuse affection néphrétique... comment cela se fait-il ?.. c'est lui qui a pris la rhubarbe et c'est moi qui... ah ! la, la !

PÉTRONILLE. Eh ! monsu Dasnière, vous

qui n'étiez pas aveugle, vous n'avez pas vu qu'il a pris votre tasse et qu'il vous a donné la sienne.

DASNIÈRE. Alors, c'est lui qui me fait aller!

DOLIBAN. Comme vous dites.

DASNIÈRE. Ça se passe un peu.

EUGÈNE. Eh bien! voulez-vous reprendre le combat?

DASNIÈRE. Je suis sourd comme un pot. Ah là... cependant j'aurai encore le temps de dire deux mots à la société.

Au public.

Air *de la haine d'une Femme.*

Ici, messieurs, vous voyez comme
Pour terminer tous nos débats,
Pour éviter de tuer mon homme,
Je lui dis que je n'entends pas...
Mais, entre nous, je les abuse,
C'est de ma part un simple tour,
Oui, sur l'honneur, c'est une ruse,
Et si la pièce vous amuse,
Claquez, claquez, je n' suis pas sourd,
Non messieurs, Dasnièr' n'est pas sourd.

FIN.

www.ingramcontent.com/pod-product-compliance
Ingram Content Group UK Ltd.
Pitfield, Milton Keynes, MK11 3LW, UK
UKHW020448180726
13839UKWH00004B/1708